# El diario de un corazón

## corazón

## OMAR ZAYAS

Edición y preparación para la publicación: Special Novels Inc.
Instagram: zayasomar
Correo electrónico: omarzayas000@gmail.com

El diario de un corazón
ISBN: 978-0-9836298-7-0

# PRÓLOGO

En estas páginas encontrarás letras inspiradas en los sentimientos del corazón. El amor es hermoso y es por eso, que lo resalto en mis escritos. Me paseo, en estas páginas, por diferentes sentimientos, el amor, el desamor y el amor propio. Espero que te identifiques y pueda lograr mi objetivo de conectar corazones a través de mis versos.

# AGRADECIMIENTOS

Quiero agradecer a todas las personas que me han apoyado. A mis seguidores, los que me motivan a compartir mis escritos.

# ÍNDICE

**Primera parte - Amor**

Así me paso.................................................2

Quiero......................................................3

Nuestros corazones.........................................4

Melodía....................................................5

Mis sueños.................................................6

El tiempo..................................................7

Excepto....................................................8

Te esperaré................................................9

Sueño contigo.............................................10

Tal vez un día............................................11

Nuestra historia..........................................12

Eres......................................................13

La poesía.................................................14

Tenerte cerca.............................................15

A la antigua..............................................16

Me haces sentir...........................................17

Te llenaré................................................18

Sin ti....................................................19

Mis ganas de ti...........................................20

Siempre serás importante..................................21

Deseo.....................................................22

No encuentro..............................................23

# ÍNDICE

Pueden hablarte bonito.................................24

Nada podrá.................................25

Creo.................................26

Me gustas tanto.................................27

Tu sonrisa.................................28

Quizás.................................29

Amor del bueno.................................30

Si estuvieras aquí.................................31

Nuestra canción.................................32

Me encantas.................................33

Nuestro amor no olvida.................................34

Todo el tiempo.................................35

Mi fortuna.................................36

Te regalo.................................37

Nuestra despedida.................................38

Es imposible.................................39

Eterno.................................40

Ver tus ojos.................................41

Mi diálogo.................................42

No me rendiré.................................43

Quisiera ser el viento.................................44

Mi corazón.................................45

Siguen conectados.................................46

# ÍNDICE

Nuestros cuerpos....................................47

No fue el adiós.......................................48

Mirarte..................................................49

Me pierdo..............................................50

Búscame...............................................51

Ni la distancia........................................52

No sé de ti.............................................53

Me acuerdo de ti....................................54

Todo.....................................................55

Desde el fondo......................................56

Tal vez mi voz........................................57

Ahí estás..............................................58

Mis cinco sentidos.................................59

Dentro..................................................60

Fuimos tanto.........................................61

Mi mundo..............................................62

Locura..................................................63

En tu boca............................................64

Mi plan.................................................65

Solo con verte.......................................66

Eres maravillosa....................................67

Eres el punto.........................................68

A pesar.................................................69

# ÍNDICE

Éramos.................................................70

Las mejores...........................................71

En mis brazos.........................................72

Solo mirarte..........................................73

Cuando pienso en ti...................................74

Te pienso.............................................75

Volví a coincidir.....................................76

Empezaste a transitar.................................77

Eres parte de mí......................................78

Basta su mirada.......................................79

Aún recuerdo..........................................80

Eres la ciudad........................................81

Ojalá.................................................82

Mis mejores madrugadas................................83

Recordarte............................................84

No es el final........................................85

Esa ilusión...........................................86

Tus suspiros..........................................87

Cobardía..............................................88

Falso abandono........................................89

La única..............................................90

Eres la persona.......................................91

Entendí...............................................92

# ÍNDICE

Refugio...................................................93
Tu recuerdo...........................................94
Quiero hacer contigo............................95
Cada beso...............................................96
Quisiera...................................................97
Contigo....................................................98
Dos mundos...........................................99
Esas pequeñas cosas...........................100
Negarnos................................................101
Es inevitable..........................................102
Difícil olvidarte......................................103
Protegen nuestro amor.......................104
Prefiero..................................................105
Permanecen los tuyos........................106
El verdadero amor...............................107
Quisiera vover a sentir........................108
Vínculo..................................................109
Cuando te fuiste..................................110

**Segunda parte - Desamor**
Confías...................................................112
Volví a pensar......................................114
Sueña contigo......................................115

# ÍNDICE

Cada paso....................................116

Te dieras cuenta....................................117

Me di cuenta....................................118

Pensaba que sin ti....................................119

No regales....................................120

Nunca me mereciste....................................121

Todos mis caminos....................................122

Sin nuestra unión....................................123

No hay cielo....................................124

Ego....................................125

No tengo idea....................................126

No tengo ganas....................................127

Necesito....................................128

Según tú....................................129

Noches sin ti....................................130

No me extraña....................................131

Quizás tú y yo....................................132

La culpa....................................133

Hacer el amor....................................134

Si piensas en mí....................................135

**Tercera parte - Amor propio**
La elegancia....................................137

# ÍNDICE

No te rindas...................................................138

Aprendí...........................................................139

Puedes lograrlo............................................140

Eres luz.........................................................141

Ella................................................................142

Las palabras................................................143

Dios te bendiga mujer................................144

Secó sus lágrimas.......................................145

Los momentos.............................................146

No te desanimes..........................................147

Protagonista................................................148

Ella es luz....................................................149

Porqué te empeñas.....................................150

A veces el cambio........................................151

Intentamos callar.........................................152

A veces la vida.............................................153

Amor y lealtad..............................................154

Apariencias..................................................155

El futuro........................................................156

Están ahí......................................................157

Aprende........................................................158

# AMOR

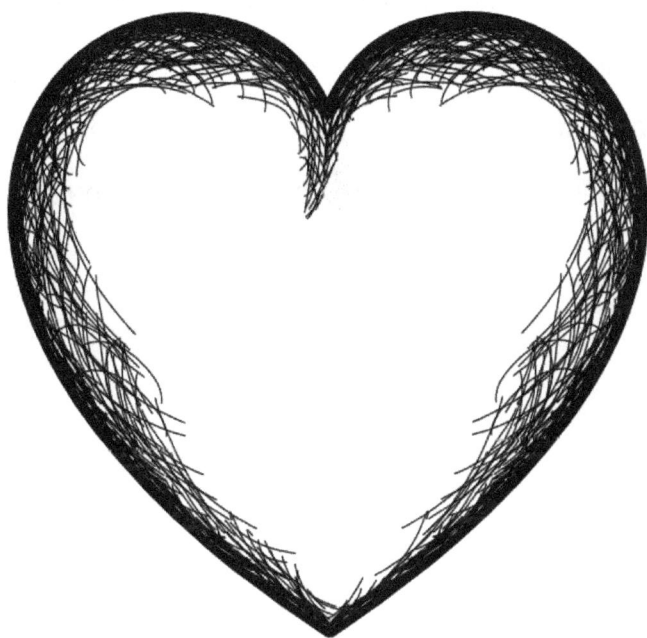

## ASI ME PASO

Al llegar el día te sigo soñando, de noche representas una sorpresa, algo inesperado, encontrarte de regreso mientras duermo. De día estoy consciente de cada detalle, dibujo el paisaje y lo decoro con tu imagen... así me paso las horas cuando estoy sin ti.

## QUIERO

Quiero verte,

quiero abrazarte,

quiero hablarte,

quiero escucharte.


Quiero mirarte,

quiero agarrarte,

quiero besarte,

quiero enamorarte.


Quiero seducirte,

quiero guiarte,

quiero sentirte,

quiero amarte.

# NUESTROS CORAZONES

Podrán pasar cien años, pero nuestros corazones
nunca dejarán de buscarse en silencio.

## MELODÍA

Siempre estás en mis pensamientos. Eres como esa canción tan bonita que no deja de sonar como dulce melodía para los oídos de mi corazón.

# MIS SUEÑOS

Te regalo mis sueños, para que veas como
protagonizas cada uno de ellos.

## EL TIEMPO

El tiempo y la distancia pueden calmar las ganas,

pero no las quita. Presiento que al verme tu mirada,

no podrán disimular, ni los gestos de tu cuerpo.

Tenemos un puente que nos conecta y supera

cualquier clima. Ambos estamos conectados. Somos

corazones conectados.

# EXCEPTO

Puedes escapar y huir de todo, excepto lo que nos
une, porque nunca disipó, porque nunca se extravió.

## TE ESPERARÉ

Te esperaré justo aquí, para darnos los abrazos y
besos que faltaron. No renunciaré... y en tu mirada
me quedaré...

# SUEÑO CONTIGO

Cuando termina el día, las millas de distancia

desaparecen cuando sueño contigo...

## TAL VEZ UN DÍA

Tal vez un día escuches una canción o sentada en ese balcón donde solíamos estar, te acuerdes de mí. Tal vez en ese momento tu corazón cambie de dirección, si sucede. Aquí te espero.

## NUESTRA HISTORIA

Nuestra historia fue tan hermosa que la vida se empeña, se dedica a que se reviva y se viva. Nos quiere premiar, nos quiere devolver la felicidad que la vida contempló y vivió junto a nosotros. Eso sí era vida.

## ERES

Eres tan hermosa que hasta la luna sale todas las
noches para poder mirarte.

# LA POESÍA

La poesía me persigue, me busca y me llama con tu nombre. Mi corazón le responde y te escribe los mejores versos del alma. Mi poesía... mi poesía eres tú.

## TENERTE CERCA

Desearía que la vida corte la distancia entre tú y yo, que nos acerque un poco, que la historia se quede.

Desearía verte caminar cerca de mí o tan solo caminar los lugares que caminas. Desearía compartir contigo el mismo clima, costumbres y ver el atardecer a la misma hora, aunque no lo veamos juntos. Así me seguirás inspirando en escribirte versos, porque sé que estás cerca. Siempre serás una inspiración para mí, estemos o no estemos juntos.

# A LA ANTIGUA

Te amo a la antigua, aunque sea anticuado, obsoleto o pasado. Es distinto, diferente y eso me gusta.

## ME HACES SENTIR

No se dan cuenta de que no es estar contigo, es

como me haces sentir.

## TE LLENARÉ

Te llenaré de detalles y no de dudas. Te llenaré de besos y no de miedos. Te llenaré de amor y no de engaños. Te llenaré de felicidad y no de tristezas. Te llenaré...

# SIN TI

Vivir sin ti es imposible. Así como el oxígeno entra a mis pulmones, así de necesario e importante eres tú mi amor.

## MIS GANAS DE TI

Mis ganas de ti son un océano donde me hace navegar todas las noches sin rumbo. Tu boca es la ventana para asomarme al paraíso y tu cuerpo es el único lugar donde puedo contemplar todos los atardeceres.

## SIEMPRE SERÁS IMPORTANTE

Siempre serás importante en mi vida.

Porque mi vida no es la que vivo, mi vida son los

momentos y recuerdos que guardo conmigo... y tú

siempre serás parte de ello...

## DESEO

Deseo que mis besos sean tu pasión. Deseo que mis brazos sean tu refugio. Deseo ser yo quien cuide tu corazón. Deseo...

## NO ENCUENTRO

Ya no encuentro palabras, ni el verbo, ni el término, ni

la expresión para poder describir lo que siento por ti.

## PUEDEN HABLARTE BONITO

Pueden hablarte bonito. Pueden contarle mentiras a tu piel. Pueden resbalar cuerpos por tu cuerpo. Pueden arrodillarse a tus pies. Pero nadie te desnudará el alma como yo lo hice, de eso sí, estoy seguro.

## NADA PODRÁ

Ni el agua, ni el viento podrá borrar mis huellas en tu camino. Ni la memoria será capaz de borrar los recuerdos que tú y yo vivimos.

## CREO

Creo en tus ojos y en tus manos. En tus ojos, porque al mirarlos me dan esperanza y en tus manos, porque al tenerlas entre las mías me dan seguridad.

## ME GUSTAS TANTO

Me gustas tanto que solo con pensarte aceleras los latidos de mi corazón, y no solo eso, también controlas la velocidad con tus besos...

## TU SONRISA

Amo cuando sonríes, me desarmas y te adueñas

completamente de mi...

## QUIZÁS...

Esas noches en tu balcón,

esas tardes en tu jardín.

Besos y abrazos en aquel

escalón, quizás te acuerdes de mí.

Quizás...

## AMOR DEL BUENO

Esa persona que te sube la autoestima y te brinda seguridad todos los días, eso es amor del bueno.

## SI ESTUVIERAS AQUÍ

Quisiera decirte tantas cosas, pero no estás aquí para poder escucharlas. Solo el silencio y mi corazón me acompañan y son testigos de todo el amor que siento por ti. Ojalá estuvieras aquí.

# NUESTRA CANCIÓN

Te regalo nuestra canción con los acordes y la melodía que crean la armonía que complementa con mi letra escrita con el corazón. Es una sensación asombrosa tener tu boca con la mía y tu mirada que siembra melodía de música a la perfección. Tus manos en mi cuerpo componen los versos más bonitos de amor, así es el sonido y la melodía de nuestra canción.

## ME ENCANTAS

Me encantas tanto, que en cantidad o números no existe fórmula ni el método para calcularlo.

# NUESTRO AMOR NO OLVIDA

Nuestro amor no olvida. Nuestro amor, aunque muera, resucita. Nuestro amor es infinito. Es una sombra que va donde quiera que vayamos. Nuestro amor es una luz escondida que no apaga. Nuestro amor vive de la esperanza del corazón que no cambia. Nuestro amor no fue grande por lo que duró, sino porque fuimos los mejores amantes que el amor contempló.

## TODO EL TIEMPO

Anoche pensé en ti, no solo anoche, todas las noches,
también durante el día y en la tarde. La verdad, es
que pienso en ti todo el tiempo.

## MI FORTUNA

Amarte es un privilegio y tenerte una bendición, la mayor de todas. Tú eres mi fortuna, mi prosperidad y mi abundancia.

## TE REGALO

Te regalo mis mañanas,

te regalo mis días,

te regalo mis noches,

te regalo mis poesías.


Te regalo mis canciones,

te regalo mis caricias,

te regalo mis emociones,

te regalo mis delicias.


Te regalo mis pensamientos,

te regalo mi pasión,

te regalo mis sentimientos,

te regalo mi corazón.

# NUESTRA DESPEDIDA

Nuestra despedida fue muy triste, aún no reconoce la partida. Nuestra despedida sigue marcada con nuestros besos por el resto de nuestras vidas. La despedida no fue despedida, nunca reconocerá la separación de nuestras vidas.

## ES IMPOSIBLE

Es imposible que no haya amor cuando tus ojos gritan

lo contrario.

## ETERNO

Fuiste un instante en mi vida, pero te convertiste en
un instante eterno en mi corazón.

## VER TUS OJOS

Quisiera volver a ver tus ojos, esos ojos que me hablaban, esos ojos que tocaban mi corazón, esos ojos que me hacían sonreír. Volvería a ser adicto a tus ojos y tú a mis poesías.

# MI DIÁLOGO

Mi diálogo favorito siempre serán tus besos.

## NO ME RENDIRÉ

Aunque el frío duela y el miedo crezca, los muros y murallas nos separen, no me detendré, no me rendiré, porque mi corazón arde, se quema en llamas de amor por ti...

## QUISIERA SER EL VIENTO

Quisiera ser el viento para poder acariciarte en todo momento. Quisiera ser dueño del tiempo para poder borrar tus días grises y convertirlos en días hermosos. Quisiera abrazarte en tus días tristes y besarte en tus días alegres. Quisiera...

## MI CORAZÓN

Mi corazón te busca por instinto, mi corazón te ama inconsciente, espontáneo, impensado, involuntario, automático. Te amo...

## SIGUEN CONECTADOS

Sé que hay muchas millas de distancia entre tú y yo,
pero nuestros corazones siguen conectados, siguen
en la constante búsqueda de reencontrarse. Siguen y
seguirán soñando en volver a estar juntos...

## NUESTROS CUERPOS

Nuestros cuerpos dejaron memoria. Todos nuestros besos tienen historia. Nuestros corazones sienten la trayectoria de no estar juntos. En mi caso, me muero por ti.

# NO FUE EL ADIÓS

El problema no fue el adiós, el problema es que
nunca te has despedido.

## MIRARTE

Quisiera volver a mirarte a los ojos para ver si reconoces los míos. Si ves y percibes amor brotar de los míos, disculpa. Mis ojos son la ventana de mi corazón. Solamente tú, solo tú, podrás ver todo por medio de ellos.

## ME PIERDO

Cuando todo es silencio me pierdo en tu recuerdo,

que aún lo llevo plasmado en mi piel...

# BÚSCAME

Búscame dentro de tu corazón, todavía queda un pedacito de mí. Una semilla que está esperando a florecer, crecer sin detenerse. Esa semilla también vive dentro de mí, esperando por ti...

## NI LA DISTANCIA

Ni la distancia, ni el destino, ni nada nos podrá separar. Porque somos infinitos, somos eternos, somos incalculables.

## NO SÉ DE TI

No sé de ti, pero sigues aquí. Aunque pase el tiempo
todavía recuerdo tu hermoso rostro de esa última vez
que te vi. Todo envejece, sin embargo, tu recuerdo
no...

## ME ACUERDO DE TI

Cada vez que escucho esa hermosa canción, me acuerdo de ti. Es como retroceder en el tiempo y revivir aquellos momentos mágicos junto a ti. Si tuviese la posibilidad, la energía, la velocidad, el tiempo y espacio, llegaría justo a ti en aquel momento. Cambiaría todo, serías tú mi futuro.

## TODO

En cada espacio de mi corazón, lo ocupas todo.

## DESDE EL FONDO

Desde el fondo de mis pensamientos, tú eres mi
centro de meditación.

## TAL VEZ MI VOZ

Tal vez mi voz y mis versos no puedan alcanzarte por la distancia. Debería gritar fuerte tu nombre y escribir los versos más grandes con letras de molde; quizás no pase nada, quizás no sea suficiente. Buscaré la forma, la táctica para llegar a ti, si eso no sucede, es que quizás seas tú quien deba buscarme a mí. Sino, ambos habremos perdido, el olvido habrá ganado.

# AHÍ ESTÁS

Después de todo, ahí estás, siempre grabada

en mi mente...

## MIS CINCO SENTIDOS

Pasaste a ser dueña de mis cinco sentidos. De mi

vista, porque eres la luz que mis ojos necesitan.

Luego de mi tacto, donde eres la textura y

temperatura que amo y necesito de todo mi entorno.

De mi oído, porque tu voz son las ondas sonoras de

vibraciones que escucho y llegan a mi corazón.

También mi olfato, porque no puedo vivir sin el olor

de tu piel y de tus labios. Hasta de mi gusto, porque

sabes a gloria.

## DENTRO

Dentro del círculo de mi vida, eres el centro.

## FUIMOS TANTO

"Nosotros fuimos tanto, que ni el amor podría

describirnos..."

## MI MUNDO

En cada parte de mi mundo estás tú.

Mi corazón funciona con sentimientos y los más

hermosos son los que siento por ti.

Mi mente funciona con pensamientos y en

cada uno de ellos te encuentras tú.

Mi sexualidad funciona con deseos

y absolutamente todos son de ti.

Hasta el oxígeno que necesita mi cuerpo

para los pulmones te puedo sentir.

## LOCURA

Es una locura, lo sé. Es una locura que vale la pena vivirla con todos sus trastornos y demencias.

# EN TU BOCA

Escribiré poemas en tu piel y recitaré los mejores

versos en tu boca.

## MI PLAN

Mi plan es permanecer en tu recuerdo

y en tu corazón.

Mi conclusión es que en algún momento

me necesites y regreses a mí.

## SOLO CON VERTE

Mi corazón pasa de frío a fuego con tan solo verte.
Eres la calentura, la atmósfera, la superficie, la
temperatura, mar y tierra, los grados Fahrenheit
de intensidad sobre mi cuerpo. Eres todo, solo con
verte...

# ERES MARAVILLOSA

Me encanta la forma que me miras, me hipnotizas.
Sin mencionar tu sonrisa que cautiva y tu voz que me
seduce. Eres maravillosa.

# ERES EL PUNTO

Eres el punto medio entre la realidad o un sueño, el intervalo, la línea, el punto estratégico en el plano de mi vida. La existencia e inexistencia, el surrealismo, lo imaginado y lo vivido.

## A PESAR

Me basta con saber que eres feliz, a pesar de no ser parte de esos motivos.

# ÉRAMOS

Éramos un complemento único, fuimos una explosión de sentimientos que se desbordaba sobre nuestros cuerpos. Ni la cercanía, ni la distancia podía controlar la atracción fascinante que sentíamos al vernos, tampoco el calor en nuestros corazones al desnudo que palpitaban con fuerza a cada instante. Fuimos parte de la realidad y teníamos la ecuación, pero nunca tuvimos la fórmula. Construimos castillos de arena, construimos sin planos ni medidas, nos ahogamos en el miedo y la falta de valentía. Fuimos, solo fuimos.

## LAS MEJORES

Las mejores poesías son las que te he escrito en mis
pensamientos.

## EN MIS BRAZOS

Quisiera tenerte en mis brazos un segundo, creo
que sería suficiente, para que sientas como late mi
corazón por ti.

## SOLO MIRARTE

A veces solo necesito mirarte, contemplarte, no solo

para mirar tu rostro y ojos bonitos, también para

agradecer a la vida por el gran privilegio tan hermoso

de estar contigo.

## CUANDO PIENSO EN TI

Cuando pienso en ti, todo es surrealista, no hay medidas, ni lógica, tampoco reglas, ni normas al escribirte. Eres sol, luna; el cielo y las estrellas. Estás por encima de la realidad porque eres extraordinaria.

## TE PIENSO

Te pienso, inclusive en el olvido...

## VOLVÍ A COINCIDIR

Volví a coincidir con tu mirada y noté ese sentimiento en tus ojos; enrojecieron los míos. Desapareció el tiempo, sentí la sensación de que hay algo más, cambiaste el rumbo de mi corazón, nos alcanzó, nos atrapó la vida en unos segundos. No sé qué haré, pero no te volveré a perder.

## EMPEZASTE A TRANSITAR

Y empezaste a transitar por mis pensamientos, y
en poco tiempo empezaste a caminar dentro de mi
corazón.

# ERES PARTE DE MÍ

Eres parte de mis decisiones y también eres parte de mis emociones. En mi consciente y subconsciente mental, ocupas un espacio muy grande que evoluciona dentro de mis pensamientos y corazón.

## BASTA SU MIRADA

Solo basta su mirada para apropiarse de mi atención.

Solo basta su sonrisa para adueñarse de mi corazón.

## AÚN RECUERDO

Aún recuerdo el borde de sus labios, sus ojos, el peso de su cuerpo en mi cuerpo y su pecho descansando junto al mío. El olor de su piel y sus piernas entrelazadas con las mías. Aún recuerdo que solo faltó un poquito más de tiempo juntos, un poco más y hubiésemos llegado a la perfección juntos.

## ERES LA CIUDAD

Eres la ciudad, el palacio, las calles, la lluvia y los truenos de madrugada. Eres la luna que ilumina los caminos, el centro y la costa del mar. Eres todos los autos que van y vienen en contra del viento. Eres la historia, la cultura y el gran museo lleno de tus maravillas. Eres la infraestructura y el puente que conecta con mi corazón. Más que ciudad, eres el paraíso donde quiero vivir por siempre.

## OJALÁ

Ojalá tuvieras el coraje de dar un solo paso
por mí, si lo haces te prometo dar los que restan.

## MIS MEJORES MADRUGADAS

El sabor de tus besos, el calor de tu cuerpo y tu
mirada apasionada llena de ganas, fueron mis
mejores madrugadas.

## RECORDARTE

Ciertas cosas me hacen recordarte, los besos, los abrazos en las noches y nuestra inocencia en las sábanas descubriéndonos. Recordarte confirma lo verdadero que fue nuestro amor. Recordarte me acelera el corazón y creo que quizás me nombres por costumbre en tus pensamientos y tal vez quedan raíces o solo hayan cenizas; no lo sé. De alguna manera, quisiera que me recuerdes, porque el amor engaña, el amor puede estar dormido, pero sigue ahí, quizás al vernos sea el interruptor para despertarlo, me gustaría saberlo algún día y si no, solo te recordaré...

## NO ES EL FINAL

Solo tú y yo sabemos que lo nuestro no fue un punto final, solo fue el comienzo que nunca tendrá final.

# ESA ILUSIÓN

Esa ilusión que sentiste por mí es posible, si logro
encontrar tus ojos me quedaría dibujado
en ellos y en tu corazón.

## TUS SUSPIROS

Agarrar tu pelo y tus suspiros acariciaban mis oídos.
Con un dedo tocaba tus labios y con el otro dibujaba
todos mis "te quiero" en tu piel.

## COBARDÍA

La distancia, el tiempo y el amor han sido testigos de
nuestra cobardía... Ojalá tuviésemos el valor de
estar juntos y no convertirnos en desconocidos
que se aman.

## FALSO ABANDONO

Esa huella que dejé en ti aún sigue ahí. Tratarás de ocultar esa huella. Intentarás evitar e inventarás una respuesta mientras estés pensando en mí.

Mientras, yo estaré pensando en ti...

# LA ÚNICA

Entre tantas sonrisas, la tuya es la única

que alimenta a la mía.

## ERES LA PERSONA

Eres la persona que empuja mi mano derecha y
mueve mi lápiz en cada uno de los versos que te he
escrito intentando encontrarte en cada pensamiento.
Quizás sea una excusa para buscarte o que tan solo
me leas y sientas algo de lo que he escrito. Tengo
poesías sin terminar y versos incompletos tirados
al lado del espejo que son tuyos, le faltan algunas
palabras que aún sigo buscando. En cada espacio
existe algo tuyo. Tal vez soy poeta por accidente,
porque solo escribo cuando pienso en ti...

# ENTENDÍ

Con el tiempo entendí, que siempre
serás parte de mí.

## REFUGIO

No hay mejor refugio que tu mirada. Es donde me siento seguro y donde encuentro la luz que ilumina la mía. Es justo ahí... donde todo comenzó.

## TU RECUERDO

Tu recuerdo me golpea tan fuerte que el olvido se quedó inútil e inservible cuando volví a coincidir con tu mirada.

## QUIERO HACER CONTIGO

Quiero hacer contigo un viaje largo, desde tus pies a
tu cintura y caminar por el borde de tus caderas,
detenerme en tu boca y desde allí, observar el
hermoso paisaje que vive en tus ojos.

# CADA BESO

Con cada beso tuyo, le añades vida a mis años.

# QUISIERA

Quisiera acariciar tu cara,
quisiera mirarte a los ojos,
quisiera que me guiaras,
quisiera cumplir tus antojos.

Quisiera tenerte cerquita,
quisiera hablarte al oído,
quisiera verte bonita,
quisiera hacer algo atrevido.

Quisiera estar en tus pensamientos,
quisiera cuidar tu corazón,
quisiera vivir todos los momentos,
quisiera que fueras mi canción.

97

# CONTIGO

Sé que la vida no es perfecta, pero los momentos contigo lo son.

## DOS MUNDO

Éramos dos mundos perdidos y al encontrarnos

creamos juntos el universo...

# ESAS PEQUEÑAS COSAS

Esas pequeñas cosas que nadie se fijó en ti,

que la mayoría no observa,

pero merecen ser observadas.

Esas pequeñas cosas son

la grandeza que encontré en ti.

## NEGARNOS

A pesar de todo, ojalá podamos ser valientes y
negarnos a olvidar lo que vivimos y sentimos el uno
por el otro. Aunque el tiempo lo recomiende, así sean
tiempos de olvido y desmemoria. Siempre será un
desafío olvidarte y por mi parte, me niego a hacerlo.

## ES INEVITABLE

Es inevitable vincularte con mi felicidad, formas parte de ella. Si tuviese que definirla, no dejaría de mencionarte.

## DIFÍCIL OLVIDARTE

Se me hace difícil olvidarte, eres nostalgia... Dibujo tu rostro en cada uno de mis pensamientos, va a la vanguardia a pesar del tiempo. Aún no te olvido... ni el olvido, ni el tiempo pudo arrancarte de mis pensamientos. A pesar del tiempo, tu recuerdo me sigue acompañando.

## PROTEGEN NUESTRO AMOR

Su amor pinta mis sueños.

Su amor pinta mi corazón.

Su amor no destruyó

los muros que nos separaban.

Su amor los pinta con lindos colores,

ahora son distintos y hermosos,

ahora son muros que protegen nuestro amor.

## PREFIERO

Prefiero ignorar la realidad. Para mí la realidad son las

cuentas, las deudas y el trabajo.

En cambio, tú, eres mi imaginación, mi ilusión y mi

esperanza.

## PERMANECEN LOS TUYOS

Y poco a poco se fueron eliminando algunos recuerdos en la memoria de mi corazón, solo permanecen los tuyos.

## EL VERDADERO AMOR

El verdadero amor no se pierde por la distancia,
tampoco se apaga con el tiempo. A pesar de tener
todo en su contra, el amor sigue creciendo en
silencio.

## QUISIERA VOLVER A SENTIR

Quisiera sentir tus pasos a mi lado, sentir tu mano en la mía. Quisiera volver a escuchar tu voz mencionando mi nombre, extraño como nuestros rostros y nuestros cuerpos se conectaban de manera orgánica... Todo, absolutamente todo encajaba.

# VÍNCULO

Es curioso que nuestros cuerpos caminen por rumbos diferentes, pero nuestros corazones siguen caminando en el mismo sentido... inclusive, caminan juntos.

## CUANDO TE FUISTE

Desde el momento que te fuiste, mis ojos, mis manos, mis labios, mi corazón, mi cuerpo y mis versos preguntan por ti...
En cada espacio en mí, dejaste tu huella.

# Desamor

## CONFÍAS

Confías en sus palabras,
como una dulce melodía.
Bajan lágrimas de tu cara,
que derramas todos los días.

Su forma de amar te consume,
las prioridades desaparecieron.
Una gran flor sin su perfume,
donde la mentira y el dolor conocieron.

Lentamente muere el amor,
la pasión es cosa del pasado.
Ya no es ese chico encantador,
lo hermoso de la relación ha cambiado.

# El Diario de un Corazón

Tu corazón no late de felicidad,

todo te da lo mismo.

Los niños y su paternidad,

los sentimientos muertos en un abismo.

## VOLVÍ A PENSAR

Volví a pensar en ti, pero esta vez, solo para desearte
lo mejor.

## SUEÑA CONTIGO

Mientras esa persona no te valora, hay otra que

sueña contigo, con tenerte y valorarte.

Para esa persona eres perfecta así,

aún con todos y el peor de tus defectos.

## CADA PASO

Cada paso en el camino,
dejan huellas imborrables.
Decisiones que escogen tu destino,
pensando llegar a lo inalcanzable.

Buscas un respiro diferente,
olores ricos a flores.
Todo es gris y ambivalente,
en un escenario de buenos actores.

El cuerpo y mente juntos,
el corazón es sincero.
Ambos atienden a sus asuntos,
recuerdos sólidos como el acero.

# TE DIERAS CUENTA

Perdóname por haberme alejado de ti.

Quería que te dieras cuenta de lo que tienes...

y que también se cuida.

## ME DI CUENTA

Cuando tú me dejaste, luego me di cuenta de que nunca fui yo quien perdió. Al contrario, me di cuenta de que siempre merecía algo mejor.

## PENSABA QUE SIN TI

Pensaba que sin ti no podía vivir, decidí alejarme de ti,

de casualidad te vi, no te reconocí porque nada sentí.

Ya no siento nada por ti.

## NO REGALES

No le regales tus momentos, a quién solo te valora

por instantes.

## NUNCA MERECISTE

Recordando ese primer encuentro donde te conocí.
Comenzó la aventura y ese viaje contigo. Entregué
mi corazón inocente, puro y sincero. Mis sentimientos
eran muy reales y verdaderos. Estaba muy confiada,
muy entregada, hasta que tomaste mi corazón y lo
lanzaste al suelo, se rompió en pedazos, sin consuelo
sequé mis lágrimas y seguí mi camino. Nunca me
mereciste y no quiero volver a verte en lo que resta
de mi destino.

## TODOS MIS CAMINOS

Todos los caminos, calles y pasillos de mi vida tienen tu nombre. Lo peor de todo, es que las conoces y no transitas por ellas, aun sabiendo que son solo tuyas.

## SIN NUESTRA UNIÓN

Las estrellas están tristes, el viento no tiene dirección,

las nubes grises, el sol no brilla, ni calienta, perdió su

expresión. Te extrañan al igual que yo, así es el

mundo sin nuestra unión...

## NO HAY CIELO

Miro al suelo porque no hay cielo, no encuentro flores,
ni consuelo. Ni la noche, ni el día, no existe el tiempo,
solo el frío y su melodía que se escucha en el silencio,
así es mi cuerpo sin tu cuerpo; así es mi tiempo sin tu
tiempo.

## EGO

El ego venció nuestro amor, que podía ser más grande
que el mismo universo.

## NO TENGO IDEA

Perdí la idea de qué haré contigo, pero aún más de qué haré conmigo. Es un laberinto donde todo se siente raro, confuso y hasta perdí la identidad. Se esfumó la idea de qué haré contigo. No siento amor, ni dolor, ni me siento. Aparte de todo este cuento, estás ahí esperándome y yo no tengo la mínima idea de qué haré...

## NO TENGO GANAS

Aunque pueda conquistarte no tengo ganas, decidí

utilizarlas en mí.

## NECESITO

Nunca te dije adiós. Solo dejé de insistir. No por amor,
sino porque necesito algo mejor para mí.

## SEGÚN TÚ

Según tú, no valía la pena. Lo escuché varias veces de tus labios, pero nunca te creí. Lo bueno se lucha y nunca lo hiciste por mí. Quisiste algo más fácil y "adecuado para ti". Luego entendí que dentro de tus posibilidades yo no estaba, porque yo era mucho y no podías ver lo que había en mí. Entenderlo fue difícil para ti. Según tú, yo no valía la pena, tal vez seas tú quien nunca valió la pena para mí.

## NOCHES SIN TI

Después de tantas noches sin ti, aprendí a contemplar la luna y amar la soledad, de la misma manera que te amé a ti.

## NO ME EXTRAÑA

No me extraña que sigas teniendo más amantes, solo

llenan un espacio en tu cama, pero no llenarán ese

espacio en tu corazón.

# QUIZÁS TÚ Y YO

Quizás nos quisimos demasiado los dos, caminamos sobre la tristeza, nadamos en la pasión, volamos en la locura y la felicidad fue tan fuerte que se nos escapó, quizás tú y yo fuimos tan perfectos e imperfectos que nada quedó.

## LA CULPA

Creo que la culpa fue de ambos, nos enamoramos
más de los pretextos que de nosotros.

## HACER EL AMOR

Hacernos el amor siempre fue un acto que el amor

celebraba, hoy nos echa de menos.

## SI PIENSAS EN MÍ

Si me extrañas y piensas en mí, solo recuerda una
sola cosa, hice todo para que te quedaras.

Fin.

# Amor Propio

# LA ELEGANCIA

La elegancia de una mujer no se encuentra en su atuendo, sino en lo invisible, en lo profundo, en lo que inspira.

## NO TE RINDAS

No te rindas. Ni lo intentes; porque la pasión y el deseo dentro de tu corazón mantienen tus sueños con vida. Ahora es el momento de demostrar quién eres. Ya es hora.

# APRENDÍ

Aprendí a construir mis propios caminos, a ser fuerte, valiente y aceptar las derrotas con la frente en alto. Aprendí a crecer como persona, a aceptar mis defectos y decorarlos con mis virtudes. Aprendí a escuchar, a tolerar y comprender. Aprendo a amarme cada día más, el auto respeto y la dignidad, porque uno vale. Aprendí a perdonar, porque nos hace libres. Aprendí a valorar cada experiencia y detalle, porque sé que es irrepetible. Aprendí a apreciar el tiempo, la vida y a las personas que me aman. Aprendí a ser feliz, porque es una decisión que elijo todos los días. Aprendí...

## PUEDES LOGRARLO

Puedes lograrlo, solo desconéctate de tus limitaciones

y verás las posibilidades cargadas de bendiciones.

## ERES LUZ

Eres luz, no importa quien trate de apagarla. Aun con
el corazón roto, seguirás brillando, con tu sonrisa, con
las ganas de vivir y vencer. Eres una guerrera.
Bendecido el que se quede y luche contigo mujer
maravillosa. El que no, que se largue como cobarde
porque no te merece, no vale la pena.

# ELLA

Ella tuvo el coraje de seguir, tuvo la fuerza de superarlo. Hoy su sonrisa brilla más que nunca, hoy es una hermosa mujer con el corazón de una guerrera.

## LAS PALABRAS

No solo confíes en las palabras, porque hay personas que hablan muy bonito e inteligente, pero sus acciones y como viven... son un puro desastre.

# DIOS TE BENDIGA MUJER

Dios te bendiga mujer, porque a pesar del dolor en tu cuerpo y los problemas que estás enfrentando siempre mantienes una sonrisa. Esa valentía en tu espíritu, das amor a quien te conoce y a los que no, impactas con tu presencia.

## SECÓ SUS LÁGRIMAS

Ella secó sus lágrimas y continuó, tiene miles de
motivos para ser feliz, aun cuando quieran apagar su
brillo, seguirá brillando.

## LOS MOMENTOS

A veces los momentos más felices son cuando te olvidas de los miedos y de las promesas... y entonces comienzas a elegir lo que te hace feliz.

## NO TE DESANIMES

No te desanimes, ten paciencia, continúa tu camino sin detenerte. Los tropiezos y el miedo harán que pierdas la fe para frenarte, no lo permitas. Todas tus dificultades se convertirán en tus fortalezas y tendrás el éxito. Confía en ti.

## PROTAGONISTA

Y ella comenzó a ser la protagonista de su vida, comenzó a escribir su propia historia. Se convirtió en la gran mujer que guardaba en su interior, se vistió de fuerza y confianza para conquistar al mundo, con su hermosa sonrisa.

## ELLA ES LUZ

Ella decidió no ser su sombra, se convirtió en luz, ahora con cada paso ilumina su camino, ahora llena con su luz cualquier lugar y cada espacio donde se encuentre.

## PORQUÉ TE EMPEÑAS

Porqué te empeñas tanto en encontrar un espacio y adaptarte, si tienes las alas para volar y brillar en cualquier parte.

## A VECES EL CAMBIO

A veces el cambio que buscamos no se encuentra en añadir y cambiar cosas en nuestra vida, sino en mirarla con nuevos ojos.

# INTENTAMOS CALLAR

Muchas veces intentamos callar el corazón cuando nos habla y otras veces hablamos cosas que el corazón no siente.

## A VECES LA VIDA

A veces la vida nos muestra su peor parte y se empeña a que aprendamos de ella, así cuando nos muestre la mejor parte, podamos apreciarla y disfrutarla...

# AMOR Y LEALTAD

El amor y la lealtad deben ser inseparables, una
depende de la otra.

# APARIENCIAS

Las apariencias no importan, cuando sonríes...

## EL FUTURO

El futuro tiende a caer cuando haces felices a los demás y te olvidas de ti.

# ESTÁN AHÍ

...y entonces hay personas que desaparecen cuando más las necesitas. Sin embargo, hay otras que aún sin necesitar, están y siguen ahí. Esas sí, valen la pena.

## APRENDE

Si quieres obsequiar tus palabras, aprende a escuchar
en silencio.

www.ingramcontent.com/pod-product-compliance
Lightning Source LLC
Chambersburg PA
CBHW051727040426
42447CB00008B/1015